KB235506

사랑의
화살은 아직도

오혜령 · 영성묵상기도집

도서출판
이유

오혜령 영성묵상기도집

|강여울|풀씨처럼| ⑨

사랑의 화살은 아직도

ⓒ 도서출판 이유 2003

글쓴이 · 오혜령
펴낸이 · 김래수

초판 인쇄 · 2003. 11. 25
초판 발행 · 2003. 11. 30

기획 · 정숙미
편집 · 김성수 · 한진영
북디자인 · N.com (749-7123)
분해, 제판 · 성광사 (2272-6810)
인쇄 · 청송문화인쇄사 (2676-4573)

펴낸 곳 · 도서출판 이유
주소 · 서울특별시 동작구 상도5동 103-5 성은빌딩 3층
전화 · 02-812-7217 팩스 · 02-812-7218
E-mail · eupub@hanafos.com
출판 등록 · 2000. 1. 4 제20-358호

ISBN 89-89703-43-3 04230
ISBN 89-89703-34-4(세트)

| 강여울 | 풀씨처럼 | 9

사랑의
화살은 아직도

오 혜 령 · 영 성 묵 상 기 도 집

아직도 되지 못하고

아버지,
아직도 되지 못하고
되어 가고만 있는
저를 용서해 주십시오
살아온 햇수를
세어 보면
육십 년하고도
삼 년이나 지났는데
여전히 철없이 까불고
나이값 하지 못하며
만년청춘인 줄 아는 저를
용서해 주십시오
나이 의식을 하지 않고
사는 것이 잘하는 건 줄 아는
저를 용서해 주십시오

아버지,
부끄럽습니다
소녀처럼
양갈래로 머리 묶고
주니어복만 골라 입으며
젊은 애들의 말투로
새 감각에
길들여지는 것을
부끄럽게 생각하지 못하는 저를
용서해 주십시오
주름 없애는 크림을 바르면
젊어 보이는 줄은 알면서
마음의 주름엔
관심이 없는
저를 용서해 주십시오

아버지,
젊디젊은 나이에는
죽음을 준비하는 삶을 살았습니다
그러나 정작 노년이 되어
더 치열하고 세심하게
죽음을 준비하지 못하고 있습니다
살 날이 얼마
남지 않았다고
항상 생각합니다
그러면서도 절박감을 가지고
죽음의 실재 앞에
진지하게 서 있지 못합니다
살아 있음만 기뻐하며
주신 건강으로
당신의 일을
더 많이 하겠다고
욕심부리고 있습니다
부끄럽습니다

아버지,
제 인생의 태양은
서산마루에 걸려 있습니다
날마다 지는 해는
저의 죽음의 표상이며
다시 뜨는 해는
저의 영생의 표상임을
깨닫게 해 주시고
부디 '죽음이라는 새 생명'을
준비하게 해 주십시오

아멘

사랑의 화살은 아직도

서시 • 아직도 되지 못하고

1일 • 백지 한 장　　　　　　　　　　　　10

2일 • 울다 웃다　　　　　　　　　　　　　20

3일 • 상처받고 흐느껴 울 때　　　　　　　26

4일 • 다만 황송할 따름　　　　　　　　　31

5일 • 희망이 있는 동안은　　　　　　　　35

6일 • 감미로운 생명의 향기　　　　　　　41

7일 • 오만, 존재의 비참함　　　　　　　　45

8일 • 보여 주오, 사랑스런 그 모습　　　　48

9일 • 어떻게 될 뻔했을런지요!　　　　　　54

10일 • 둘이 하나되어 안기는　　　　　　　58

11일 · 때로는 어리둥절하오나 · 66

12일 · 옳고 옳았음을 깨달으면서도 · 70

13일 · 복받아라, 얘들아 · 74

14일 · 당신 시간 한 조각 떼어 주십시오 · 77

15일 · 오직 그 기쁨만이 · 83

16일 · 당신께서 아니하시면 · 88

17일 · 더 좋은 길 · 91

18일 · 제단 위의 불이 타오르도록 · 95

19일 · 출렁출렁, 일렁일렁 · 98

20일 · 사랑의 화살은 아직도 · 104

21일 · 언제나 그 동기가 사랑이요 · 113

22일 · 넘치도록 좋은 것으로 · 117

23일 · 한탄하며 울부짖다가 · 121

24일 · 아, 바로 이 순간이구나 · 124

25일 · 안에 서로서로 · 133

26일 · 겸손도 천층만층 · 138

27일 · 어서 말씀해 주십시오 · 143

28일 · 고통을 통하여 쉬라 · 147

29일 · 끝까지 따르게 하옵소서 · 153

30일 · 주께서 나를 아실까? · 160

· 성경 찾아보기 · 167

♣ 그리하면 여러분은 이 세상에서
별과 같이 빛날 것입니다. (빌 2:14-15)

백지 한 장

내 주 하나님,

저는 어린 시절

도화지 선물을 가장 좋아했습니다

거기에 먹고 싶은 과자와

입고 싶은 레이스 옷,

타고 싶은 유람선,

살고 싶은 통나무집,

가고 싶은 나라를

그릴 수 있었으니까요

잘못 그린 종이를 버리기 아까워

개칠하던 어느 날,

그것은 그림이 아니라는 생각을 했습니다
백지를 모독하는 일임을
안 것입니다

내 주 하나님,
당신은 그림을 그리고 싶으신데
종이가 없다고 탄식하십니다
밑그림이 그려진 종이뿐,
백지가 없다고 한탄하십니다
이 말씀 들을 때마다
제 눈엔 눈물이 고입니다
제가 누구냐고 울부짖던 날 새벽,
당신은 얼룩덜룩하게 채색된
종이 한 장을 보여 주셨지요
구겨지고 지저분한
종이 한 장, 제게 내미셨지요
저라는 인간은
낙서로 가득한 종이 한 장,
휴지가 되어 버린 종이 한 장,

그 위에 덧그릴 수 없는
아무 쓸모없는 한 장의 종이였습니다
흉물스런 벌레 한 마리,
그것을 보게 하신 날보다
더 충격 받아
며칠 동안 밥을 먹지 못했습니다

내 주 하나님,
사물을 보면
개념 정의를 하지 않으려고 하며
선입관념과 편견의 틀을
될 수 있는 한 부수며 살았는데도,
전 여백이 없는 종이,
더 이상 글씨를 써 넣을 수 없는
새까만 종이였습니다
그 종이의 글씨와 그림을
지울 수 없느냐고 여쭤보았을 때
당신은 깨끗한 백지를
보여 주셨습니다

처음부터 새로 시작하라시는
뜻임을 깨달았습니다
그 날 밤,
하늘엔 구름이 덮여
별들도 빛을 뿌리지 못하고 있었지요
당신이 깔아 주신 그 푸른 하늘에서도
별들이 제 구실을 하지 못하는 것을 보고
희망을 가졌습니다
예, 백지부터 시작하기로
단단히 결심했습니다

내 주 하나님,
우등생과 열등생은
백지 한 장 차이라고요?
효자와 불효자도
백지 한 장 차이라고요?
별 차이가 안 나는 줄 알았는데
하늘과 땅 차이로군요
백지를 만들기 위해

제가 할 수 있는 일은
매일 회개하는 것임을 알았습니다
흐르는 눈물을 주체할 수 없어
사막의 교부들이 무릎에 가죽을 대고
바구니를 만들던 까닭을 알았습니다
성 프란체스코는 제자들에게
회개하는 장면은 보지 못하게 했다지요
백지가 되지 않고는
당신이 마음대로
아름다운 당신 나라의 그림을
못 그리신다는 사실을 깨달은 영성가들은
백지 한 장이 되기 위하여
일평생 울며 살았지요

내 주 하나님,
무엇을 어떻게 해야 할지 몰라
알던 것 다 없애 주십사,
희미한 기억으로 남아 있는 것
모조리 지워 주십사,

울며불며 떼만 썼지요
눈물이 억지로 나는 것 아니잖아요?
회개가 저절로 되는 것도 아니잖아요?
울지 않고는 백지로 돌아갈 수 없다는
사실 하나만 붙잡고
당신 앞에
아무 생각 없이 앉아 있는 동안
많은 세월이 흘렀지요
그러나 저는
여전히 무엇을 알고 있었습니다
그게 무엇인지는 모르지만
당신에 관한 것이 아닌
세상에 관한 것이었습니다

내 주 하나님,
하늘의 별들처럼 빛나려거든
마음의 창공을
백지로 만들라시는 뜻을
곰곰이 되새겼습니다

당신께서 시키시는 대로
삼위 하나님의 영상을
상상이나 추리로 만들어 내지 않았습니다
성상은 보는 것으로 만족하고
제 마음에 간직하지 않았습니다
그러고나니 그야말로
텅 빈 마음만 남았습니다
그 때부터 제 영혼은
메마름과 황량함이 깃든
사막이 되고
저는 사막길,
어둔 밤으로 쫓겨났습니다

내 주 하나님,
그러나 떠오르려는 영상을
지우고 또 지우는 동안
당신께서 살짝 오셨습니다
울어서 퉁퉁 부은 눈으로
새벽창문을 열어젖혔을 때,

당신은 별빛으로 거기에 와 계셨습니다
새벽하늘 한가운데
마지막까지 남아 있던 별 하나를
영원히 잊지 못할 것입니다

내 주 하나님,
저는 그 후
백판 (tabula rasa) 한 개 세워 놓고
당신이 오셔서
당신 모습을 손수 그려 주실 때만
애타게 기다렸습니다
저의 무력과 한계 그 너머에,
시간과 공간, 개념과 숫자 그 너머에,
표상 없는 표상으로 오실
당신만을 기다렸습니다

내 주 하나님,
영성의 산길을 힘겹게 오르며
저라는 종이는 어떻게 되었을까

자못 궁금했지요
당신께 여쭤본 어느 날
여전히 검은 종이 한 장이
제 눈에 보였습니다
찢을 수도 없는 검은 종이,
버릴 수도 없는 검은 종이,
저라는 인생이 불쌍했습니다

내 주 하나님,
어둔 산길 한 모롱이 접어들 때마다,
넘어졌다 다시 일어설 때마다,
어디선가 비쳐오는 한 줄기 빛이
제 발 앞에 떨어지곤 했습니다
마치도 별똥별 하나 떨어지듯

내 주 하나님,
어느 날 당신이 제 손에 쥐어 주신
분필과 백판엔
백지라는 두 글자가 적혀져 있었습니다

그렇게 되라시는 것이었죠?
저는 아직도 백지가 되기엔 멀었기에
그 두 글자를 지우고 말았습니다
그러나 마음 한 구석에서는
"백지야, 너는 이제 백지가 되었단다."
라고 말씀하시는
당신의 속삭임이 들려오길 바랐지요
아, 백지 한 장의 인생이
과연 될 수 있는 것일까요?   † 아멘

♣ 이리하여 아무도 하나님 앞에서는
자랑하지 못하게 하시려는 것입니다.
(고전 1:26-31)

울다 웃다

아버지,

당신 앞에 엎드리면,

아드님의 십자가를 바라보면,

눈물이 왈칵 쏟아집니다

25년 내내 울기만 했습니다

잘못한 일만 떠오릅니다

실수한 것들만 보입니다

죄악의 심연만 나타납니다

약점의 골짜기만 내려다 보입니다

회개생활 10년쯤 되었을 때,

이제 바위 같은 죄는 없어졌겠지

안도의 한숨을 쉬었습니다
그러나 조약돌 같은 죄의 더미가
높이 쌓여 있었습니다
20년이 지난 오늘은
모래처럼 고와서
쓸어 담을 수도 없는
죄 천지입니다

아버지,
당신 아드님께서
단 한 번 흘리신 피로
제가 고백하고 통회한 죄를
모두 용서해 주신 것을 믿습니다
그러나 지금도 죄를 짓고 있는데,
그리고 앞으로 지을 죄까지도
다 용서한 것이니
회개가 필요없다는 말은
무슨 말입니까?

아버지,

아무리 생각해도 죄가 없다는 사람들이 부럽습니다

이 세상에서 가장 큰 죄인이라고 해야

영성이 깊다는 사실을 알고

짐짓 큰 죄인이라며

의인으로 사는 사람들은

죄인입니까, 의인입니까?

모두 서로 자기 구원관을 내세워

교리가 엉겨 붙어

혼란만 빚고 있습니다

아버지,

당신은 왜 저 같은 죄인을

예뻐하십니까?

당신을 닮은 구석이 있다고

말씀하실 때마다

기절할 것 같습니다

제 죄가 당신의 형상을

전부 지워 버려서

눈 씻고 보아도 안 보입니다

그런데도 당신은

보인다고,

아주 선명하다고 하시니,

도무지 이해할 수 없습니다

위로로써가 아니라 사실로써라고 하시니

더더욱 말문이 막힙니다

그러나 한 가지 사실을 압니다

날마다 제 죄를 회개하며

당신께로 돌아서기만 하면

죄로 얼룩지고 깊이 묻혀 있던

당신 모상의 아름다움이

드디어 나타날 거라는 사실을

아버지,
오늘도 저는 제 죄 때문에 웁니다
당신의 사랑 때문에 웁니다
그리스도의 십자가 때문에 웁니다
성령의 은총 때문에 웁니다
죄사함 받은 기쁨이 몰려옵니다
용서해 주셔서 감사합니다
그토록 퍼부으시는 사랑을 받고도
다시 죄를 지을 수밖에 없는 저,
그러나 여전히 사랑하시는 당신을 생각하며
울며 기뻐합니다
슬퍼서 울고, 감사해서 울고, 기뻐서 웁니다
종일 당신 뵈오며 웃고 저 보며 웁니다
당신이 사랑하시는 절 보며 웃고,
저 같은 죄인 사랑하시는
당신 뵈오며 웁니다
이렇게 울다 웃다 보면 모래 같은 죄들도
제 바다 같은 눈물에 씻겨 내려가겠죠?
그리스도의 강 같은 보혈로

말끔히 씻겨지겠죠?

아버지,
당신이 부르시는 그 날까지
펑펑 울게 해 주십시오
하루도 빠짐없이
'깊은 죄인의식'을 갖고 기도하며
통곡하게 해 주십시오
쥐어짜는 눈물이 아니라,
막힘없이 자연스레 흐르는 눈물 때문에
자꾸 손수건을 빨게 해 주십시오
울다 울다 영영
앞을 못 보게 되어도 좋습니다
당신을 알고 그 사랑의 신비에 빠져
숨이 막히도록 울고 싶습니다
당신 면전에서 울다 웃다
죽어도 좋습니다   †아멘

상처받고 흐느껴 울 때

믿음이 있는 자들을

찾고 계시는 주님,

약속 받은 것을 차지하지는 못했지만

멀리서 본향을 바라만 보고도

기뻐하며 죽어간 믿음의 조상들을

부러워하고 있습니다

오직 믿음으로,

나그네살이하는 고장에서도

평화를 누리며 살았고

목숨을 바쳐 가며 믿음을 증거한

숱한 증인들을 손꼽아 헤아리며

크나큰 위로를 삼습니다
믿음의 선조들이 이미 걸었고
믿음의 경주에서 잘 달려
승리의 면류관을 받은 빛나는 기록이
크나큰 격려가 됩니다

오 주님,
때로 믿음을 지키는 일이
힘에 버거워 넘어집니다
영적 싸움에 못이겨
시험에 들기도 합니다
도저히 더 달릴 수 없을 것 같다는
자괴심에 짓눌리기도 합니다
인생이 고달프기 때문입니다
하지만 당신을 바라보라고
계속 십자가를 가리키고 계신
하나님의 손가락을 쳐다봅니다
지쳐서 쓰러질 때,
상처 받고 흐느껴 울 때,

질병의 고통 중에 낙심할 때,
빈궁하여 한숨지을 때,
삶 자체가 갈등으로 얼룩져 있을 때,
저희의 죄짐이 무거워 감당하기 어려울 때,
시련 가운데서 허덕일 때,
출구가 보이지 않는
오직 어둠뿐인 순간이 계속될 때에도,
십자가의 고통을 이겨 내신
당신을 바라보며
모든 것을 견디며 일어섭니다

믿음의 근원이신 주님,
저희의 믿음의 올곧은 길을 찾아 주시기 위해
당신 친히 생명을 바쳐
저희가 달려야 할 길을
보여 주시니 감사합니다
저희 믿음의 길의 목적을
성취하도록 인도해 주신
처음과 나중이신 당신께

감사와 영광을 드립니다
장차 누릴 기쁨을 생각하도록
은총을 내려 주시옵소서

저희의 죄를 위하여
사랑으로 십자가를 지신 주님,
당신은 부끄러운 십자가형을
전혀 상관하지 않으시고
기쁨과는 완전히 대립되는
이 부끄러움이라는 모순을
과감히 떨쳐 버리셨습니다
십자가가 기쁨이 되는 그 기쁨을

십자가를 통하여 드러내셨습니다
저희도 믿음의 경주에서
당신 위하여 부끄러움을 각오하고,
미리 하늘의 기쁨을 맛보며
절망과 낙심을 극복하게 하옵소서
타오르는 희망을 품게 하옵소서   † 아멘

♣ 아닙니다. 주 나의 하나님,
　저는 말을 잘 할 줄 모릅니다.
저는 아직 너무나 어립니다. (렘 1:4-10)

다만 황송할 따름

그 옛날 예레미야를 예언자로 삼으시기 위해
말씀으로 부르셨듯이
오늘도 여기저기 살피시며,
'너도 오너라.', '너도 따라라.'
'이 일을 해라.', '저 일을 해라.'
명령하시며 불러 내시는 하나님,
"제가 옵니다.", "제가 따라나섭니다."
"이 일을 하겠습니다."
"저 일을 수행하겠습니다." 응답하며
당신 앞으로 나아옵니다
당신께서 처음 저희 각자를

죄의 자리에서 불러 내셨던
그 날을 떠올리며
첫사랑의 감격을 다시 살아내며,
부름받은 자의 감사의 노래를 부르오니
찬양과 감사를 받아 주시옵소서
당신의 자녀로 부르시던 때를 회상하며
설레임을 다시 품고 눈물겨워하오니
영광과 존귀를 받으시옵소서

말씀으로 부르시고
능력으로 일하게 하시는 하나님,
오늘도 당신은 말씀으로
저희를 만나러 오시오니
기쁜 마음으로 마중나갑니다
어린이만도 못한 저희를
어른처럼 여기시고
'너는 가야 하고'
'너는 해야 한다.' 고 분부하시오니,
다만 황송할 따름입니다

모태에 있기 전부터 뽑으시고
세상에 나오기 전부터
자녀로 삼으실 계획을 하신 것,
감사드립니다
아무것도 모르며
열정도 없사오나
소명은 은총임을 압니다

믿음으로 보내시며
능력으로 일하게 하시는 하나님,
당신이 누구신지도 모르고
제가 누구인지도 모르는 저희를 지명하시어
'너는 갈 수 있고'

‘너는 할 수 있다.’고 말씀하시오니
다만 황송할 따름이옵니다
능력이 충만한 당신의 말씀으로 붙드시고
영적 감각을 예민하게 만드셔서
당신의 현존을 체험케 하신 것 감사합니다
아직은 두려움뿐이고
영문도 모르며 믿음도 없사오나
소명은 은총임을 압니다

오 하나님,
당신의 힘으로 가고
당신의 권위로
당신의 일을 행케 하옵소서
그리고 당신의 뜻이 이루어질 때
그 안에서
주인이신 당신과 종인 저희가
만나게 해 주옵소서   † 아멘

♣ 야곱의 하나님을 자기의 도움으로 삼고
자기의 하나님이신 주님께 희망을
거는 사람은, 복이 있다. (시 146:5)

희망이 있는 동안은

하나님,

나의 주여,

당신께 희망을 거는 자의

복됨을 말씀하십니까?

야곱의 하나님,

곧 나의 하나님,

당신께 도움을 청하는 사람이

복되다 하십니까?

그렇습니다

당신을 희망하는 자의 복이 크옵니다

희망이 있는 동안은

살아 있을 수 있사오며
도움이 당신께로부터 오는 동안은
계속 희망할 수 있습니다

하나님, 나의 주님,
당신이 주신 생명에
희망을 겁니다
더 밝고 빛난 삶에
희망을 둡니다
영구적이고 사라지지 않을 것에
희망을 품고 있습니다
보이지 않는 것에 대한 희망 때문에
보이는 것을 더욱 사랑합니다
내일은 오늘보다 나아지리라 희망하며
오늘에 충실합니다

나의 주 하나님,
당신이 누구신지 알기를
끊임없이 희망합니다

그리스도가 누구신지 알고 싶어
그리스도의 종이 되기를 바랐고
그리스도의 제자가 되기를 원했습니다
그리스도의 친구가 되기를
열렬히 희망했습니다
제가 누군지 알게 되기를
밤낮으로 갈망하며
저의 존재내면이 보여
철저하게 절망했습니다
그럼에도 불구하고 저를 사랑하셔서
당신 아드님을 구세주로 주셨으므로
그 사랑을 부어 주신 당신 앞에서
'희망하는 존재' 로 고푸라집니다
그리고 다시 일어납니다
감사합니다

하나님,
내 주시여,
그리스도라는 목표를 향하여 오르면

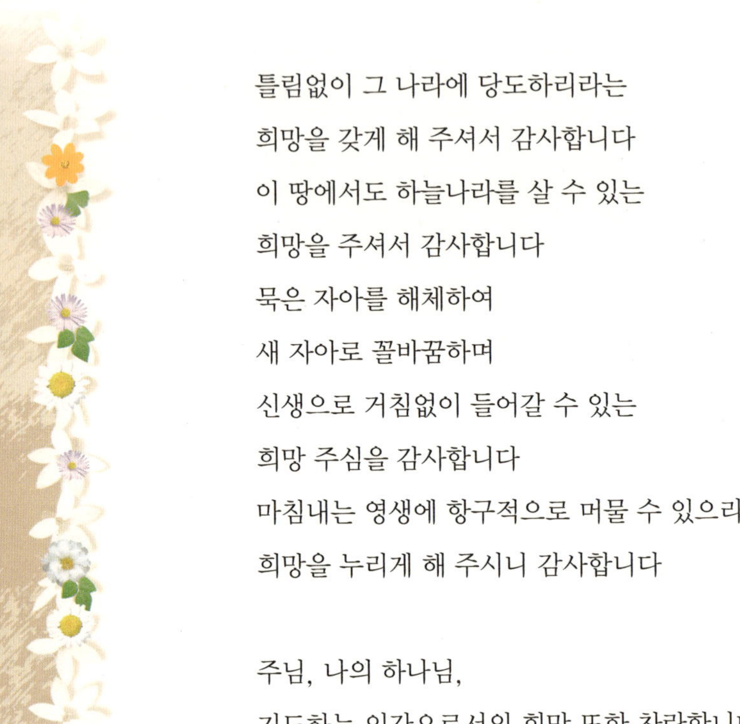

틀림없이 그 나라에 당도하리라는
희망을 갖게 해 주셔서 감사합니다
이 땅에서도 하늘나라를 살 수 있는
희망을 주셔서 감사합니다
묵은 자아를 해체하여
새 자아로 꼴바꿈하며
신생으로 거침없이 들어갈 수 있는
희망 주심을 감사합니다
마침내는 영생에 항구적으로 머물 수 있으리라는
희망을 누리게 해 주시니 감사합니다

주님, 나의 하나님,
기도하는 인간으로서의 희망 또한 찬란합니다
세상이 주는 고통,
육신의 질병이 가져오는 괴로움,
인간관계가 몰고 오는 아픔이 있어도
확실한 목표에 대한 희망이 있으므로
좌절하지 않았습니다
부정의 길 걷고 나면

긍정의 길 나타나고
어둠 속에서 죄 때문에 울고 난 후엔
빛 속에서 웃을 수 있는 시간이
온다는 희망이
저를 쓰러지지 않게 해 주었습니다
영원한 빛의 세계에 속하게 되리라는
희망 때문에
온갖 어려움을 극복할 수 있었습니다
천사, 축제, 연합, 거룩한 노래,
무엇보다 당신을 뵈오리라는 희망에 들떠서
살게 해 주심 감사합니다
이 '깊은 희망의식' 하나로

저는 오늘도 살아 있습니다
저는 아무것도 한 것이 없습니다
절망도 그리고 희망도,
그 어느 것도 제 맘대로 할 수 없습니다
당신께서 하게 하셨습니다
나의 주께 영광을 돌려 드립니다   †아멘

♣ 그리스도를 아는 지식의 향기를
어디에서나 우리를 통하여 풍기게 하시는
하나님께 감사를 드립니다. (고후 2:12-17)

감미로운 생명의 향기

하나님, 감사하옵는 하나님,
저희가 집을 떠나 있든 집에 있든
향기를 풍기는 게 문제이겠죠?
그리스도의 향기, 복음의 향기,
기쁨의 향기, 인내의 향기,
겸손의 향기, 온유의 향기,
사랑의 향기, 봉사의 향기……
많고 많은 향기들 가운데
어느 것 하나라도 몸에 배어
대화하고 행동할 때마다
은은하게 풍겨 나온다면

얼마나 좋을런지요?
작은 예수로서의 품격을
향기로 흩날릴 수 있다면
얼마나 좋을런지요?
멋없고 열정 없고
메마르고 미지근하며
무덤덤한 저희 때문에
당신께 욕이 돌아가고 있어서
부끄럽습니다
저희 각자가
그리스도의 얼굴이 되어야 한다는
사실을 잊지 않고,
웃는 얼굴, 향기 가득한 얼굴로
날마다 이웃을 대하게 해 주십시오

그리스도를 믿게 하시어
그리스도인 되게 하심을,
하나님, 감사합니다
저희를 그리스도의 개선행진에

언제나 끼워 주심을
감사합니다, 하나님
아직 그리스도처럼 사는
그리스도인은 아니지만,
그리스도 외엔
난 아무것도 아님을 고백하는
그리스도인 못 되지만,
그리스도를 아는 지식이 무엇보다 보배롭고
그리스도의 향기를 풍기고 살려고
힘껏 노력하게 해 주십시오

저희가 당신께 바쳐지는
그리스도의 향기라고요, 하나님?
그런 부당한 말씀 하지 마십시오
향기가 되어야 함,
향기가 되려고 함,
이 두 가지밖엔 못하고 있습니다
천리만리 향기를 내뿜어
저희가 가는 곳마다 어디든지

그리스도를 맡을 수 있어야
그리스도의 향기가 되는 것이죠
아직 저희는 악취를 풍기고 있습니다
감미로운 생명의 향기가 나야
구원받을 사람임을 알기에
그리스도인이라고 당당하게
말조차 할 수 없습니다
하나님,
세상을 향하여
향기의 구실을 하도록
믿음을 주십시오 ✝아멘

♣ 교만에는 멸망이 따르고,
거만에는 파멸이 따른다. (잠 16:16-20)

오만, 존재의 비참함

겸손과 온유를

몸소 가르쳐 주시는 하나님,

아드님을 낮추시고 비우게 하셔서

십자가에 죽으시게까지 하심으로써

겸손을 보여 주신 사랑을

곰곰이 생각하며 눈물 흘립니다

백만 마디의 말보다 '십자가의 사랑'을 통하여

일깨워 주신 침묵의 유창함은

저희의 신앙양심을 찌릅니다

말로만 말씀 따라 살고

그 말씀에 순종하겠노라 약속하는

저희의 오만불손을 용서해 주시옵고,
부디 겸손의 덕을 쌓게 해 주시기를
간절히 소망합니다
교만을 꺾고 거만을 벗어 버릴 때에야,
비로소 행복해질 수 있음을
확실히 깨닫게 해 주옵소서

지혜의 원천이신 하나님,
정금보다 보배로운 지혜가
당신께만 있사옵기에,
순은보다 고귀한 지혜가
당신께만 있사옵기에,
당신을 만나러 왔나이다
생명의 샘이신 당신을 떠나
어디로 가 살 수 있사오리까?
생명인 지혜를 주옵소서
생명인 슬기를 얻게 하옵소서

말씀을 따라 살기를 원하시는 하나님,

당신을 믿는 저희에게
행복의 문을 열어 주시옵기에,
말씀 따라 곧은 길 가면
행운의 열쇠를 주시옵기에,
당신을 뵈오러 왔나이다
당신의 말씀 속으로 들어가기 전,
먼저 교만을 버리고
겸손의 옷을 입게 해 주옵소서
자기비허와 온유의 언어로
준비하게 해 주옵소서
그 후 당신의 정의의 말씀과
사랑의 가르침을 받아
생명길을 씽씽 달리게 해 주옵소서   † 아멘

♣ 그 사랑스런 모습을 보여 주오.
　그대의 목소리, 그 고운 목소리를
들려 주오. (아 2:14)

보여 주오, 사랑스런 그 모습

사랑하는 내 님,

신랑 예수시여,

밤이면 당신을 만날

희망에 젖어 있습니다

당신의 그 달콤한 음성을

들을 기쁨에 들떠 있습니다

당신의 사랑스러운 얼굴을 뵈올

그리움에 가득차 있습니다

아 천진스러운 동경,

화려한 기쁨,

설레는 희망을 안고

낮동안의 소란과 피곤을 참아 냅니다

나의 신랑 예수시여,
하오나 당신은 좀처럼
모습을 드러내시지 않았습니다
그 부드러운 음성을
쉽사리 들려 주시지 않았습니다
어인 까닭이신가요?
마음을 한데 모으고
세상살이를 끊어 버리고
이성과 감성 모두 정지시키고
당신께로만 몰입하는데,
왜 저는 당신을 못 뵙고
못 들었던 것일까요?
한참만에야 그 까닭을 알아 내고
너무 오랫동안 허송한 세월을
안타깝게 돌아다보았습니다

사랑하는 주 예수님,

관상은 제가 당신을
사랑으로 응시하는 것이 아닌가요?
제 힘으로 당신을 뵈오려고
안간힘을 쓴 것이 잘못이었습니다
제가 바라보는 것이 아니라
당신이 당신을 보여 주시는 것이
관상임을 알았습니다
아하, 저는 가만히 있고
당신께서 일하시는 것이
관상기도로군요
당신에 관해서 아는 게 아니라
당신을 아는 것이 관상임을
마침내 알아 냈습니다
수동적으로 받기만 하며
부어 주시는 은총으로 이뤄지는
'주부적 관상' 임을
이제서야 깨달았습니다

사랑하는 님, 나의 주님,

당신이 저를 바라보시는 것은
언제쯤 보여지는 것인가요?
제가 당신의 사랑을 느끼는 때가 아닐까요?
예, 그렇습니다
저의 신랑이신 당신이
제게 당신을 보여 주신다면
저를 사랑하신다는 뜻이지요
저를 사랑하시므로
제가 갖고 싶어하는 당신 자신을 내어 주십니다
수십 년 동안 날마다 찾아 방황한 제게
그보다 더 멋진 선물이
또 어디 있겠습니까?
당신 한 분만 계시면 됩니다

다른 것들은 필요없습니다
당신이 제게 오시고
당신께서 얼굴을 보여 주시고
사랑을 들려 주시며
당신이 제 앞에 계시는데
제가 무엇을 찾아
어디로 떠나겠습니까?

나의 신랑 예수시여,
어서 오셔서
그 아름다운 얼굴을 보여 주십시오
이전에는 하도 나타나시지 않아
졸다 깨다 하며 몸을 꼬집었지만

이제는 깨어 기다릴 수 있습니다

곧 새벽이 밝아와

동산으로 돌아가시기 전

제게 얼굴을 보여 주십시오

저도 당신께

저를 보여 드립니다

당신이 저를 보시는 순간,

제가 얼마나 당신을 사랑하는지 아시도록,

신랑이신 당신께 전부 드리는 것을

직접 보시도록,

신부인 저를 보여 드리겠습니다

먼저 사랑스런 당신 모습을

제게 보여 주십시오   †아멘

♣ 육신을 따라 사는 사람은 육신에
속한 것을 생각하나, 성령을 따라
사는 사람은 성령에 속한 것을 생각합니다.
(롬 8:1-9)

어떻게 될 뻔했을런지요!

아, 어떻게 할 뻔했을까요?
어떻게 될 뻔했을런지요!
상상만 해도 끔찍하고
부들부들 몸이 떨립니다
주님,
육체를 따라 살지 않고
성령을 따라 사는 저희 속에서
율법의 요구가 이루어지게 하시려고
당신께서는
사람의 몸을 입고 세상에 오셔서
그 육체를 죽이심으로써

이 세상 죄를 없애셨습니다
이제 인간들이
탐욕의 권세 아래서 살지 않고
성령의 지배를 받도록 하신
성부의 의도에 따라
당신의 은혜의 복음이
빛으로 오게 해 주셨습니다
당신께 감사와 영광을 드립니다

죽음의 법에서 해방시켜 주신 주님,
성령의 법을 가르쳐 주신 주님,
당신은 저희의 생명이십니다
당신은 저희에게 생명을 주십니다
당신은 저희를 생명되게 하십니다
당신은 그 생명을 영원에 잇대어 놓으시고
지금 여기서부터 당신의 말씀을 통해
보이지 않는 생명을 보라고 말씀하십니다
성령의 가르침대로,
성령의 인도받아,

오직 생명만을 먹고
오직 생명만을 입어
그리스도의 사람이 되게 해 주옵소서

죄의 길에서 돌아서라시는 주님,
죽음의 행실을 끊으라시는 주님,
당신은 생명의 지배를 받도록 하십니다
당신은 성령께 복종하도록 하십니다
영적인 것이 가져오는 평화를
당신은 선물로 준비하고 계십니다
영을 따라 사는 길이
하나님을 기쁘시게 해 드리는 길임을

새록새록 말씀하십니다
육의 소욕을 끊지 못하고
육신의 유혹에 이끌려 사는 것 자체가
곧 죽음이라고 말씀하십니다

주님, 살고 싶습니다
성령의 강권적 개입으로라도
생명을 부어 주셔서
오직 영의 지배를 받아,
오직 성령의 인침을 입어
그리스도의 사람이 되게 해 주옵소서   † 아멘

♣ 나는 당신들이 잘 되도록
기도할 것입니다. 내가 기도하는 일을
그친다면, 그것은 내가 하나님께
죄를 짓는 것입니다. (삼상 12:23)

둘이 하나되어 안기는

아버지,

오늘은 온종일 가슴이 울렁거립니다

눈물이 마를 새가 없습니다

당신 앞에 나와 앉으면

이성도 감각도 멈춰집니다

아무것도 생각나지 않습니다

그렇다고 멍한 것도 아닙니다

후끈후끈한 기운이

제 등을 감싸고 있습니다

불도 켜지 않은 성전 안인데

환한 빛이 드리워져 있습니다

불을 켰나 하고 고개를 들면
빛이 사라집니다
달빛인가 하고 일어나면
빛이 없어집니다
눈을 감으면
빛에 휘감깁니다
아무 말도 나오지 않고
눈물만 흐릅니다

아버지,
오늘 전화 한 통을 받았습니다
오래 전에 소식이 끊긴 문우,
그는 그동안 중병치레를 했고

당신의 치유광선으로 말끔히 나아
의료선교에 앞장서고 있답니다
병상에서 제 투병기를 읽고
투병의지를 갖게 되어서
다시 일어설 수 있었다고
담담하게 고백했습니다
그는 10년 전,
회복의 은총을 입은 그 날부터
쉬지 않고 저를 위해
날마다 기도하고 있다고
수줍게 말했습니다
은혜를 갚는 조그만 길을
선택한 것이었습니다
갑자기 코끝이 시리며
눈물이 목구멍을 타고 올라옵니다
눈은 얼굴 위에 있는데
눈물은 가슴으로부터 올라왔습니다
아 그래서,
가끔 제 등줄기가

후끈해졌던 거로군요
중보기도자를 세워 주신 것
감사드립니다

아버지,
다른 전화가 또 걸려왔습니다
「평화의 집」 옛 후원자입니다
제가 20년 간 기도해 주고 있는
은인입니다
복잡하게 얽혀 있던 소송사건이
5년만에 해결되었다는 희소식입니다
승소한 기쁨을 토로했습니다
그가 「평화의 집」 후원을 끊은 지
6년이 넘었습니다
그러나 초기에 큰 도움 준 것이 고마워
아직껏 그를 위해 기도하고 있습니다
그는 기도할 때마다
제 얼굴이 떠올라,
후원금 끊은 것이 가책이 되었다고 합니다

그런데 재판이 있는 날은
종일 제 얼굴이
자기를 따라다녔다는 것입니다
기도의 에너지임을 느꼈다고 말했습니다
기도해 주어 고맙다며
기도해 줄 필요 없는 자를 위한
중보기도에 감사하다며
울었습니다
기도에너지의 빛살이
멀리까지 뻗치게 해 주심 감사드립니다

아버지,
참 이상한 노릇이죠?
어떤 이웃은 제게 철퇴를 던졌는데
쉬지 않고 기도를 하고 있으니요
분명히 당신이 시키고 계십니다
저는 제 무릎 위에 앉히고
혹은 가슴에 안듯이
다정하게 품는 기도를 합니다만,

처음엔 무엇부터 시작할지 몰라
한참 은총의 빛이 올 때까지 기다립니다
영락없이 당신은
기도의 방향을 잡아 주시죠
그래서 필요한 내용이 무엇인가 알아 내고
그것을 집중적으로 청원합니다
때로 기도제목을 갖고 있지만
다 부질없는 일입니다
당신께서
우선순위대로 아뢰게 하시는 내용만
따라가면 되니까요

하나님,
기도를 그치는 것은
죄라고 사무엘이 말했지요?
가장 선하고 바른 길로 가도록
남을 위하여 계속해서 기도하게 해 주십시오
제가 맡은 영혼을 조심스레 떠안고
당신께 나가

함께 당신 향기를 맡도록 해 주십시오

먼저 인격적 관계를 유지하게 해 주시고

영혼의 메마름을 체험하고

당신 영광에 대한 허기로

제가 기도해 주는 그 영혼이

충만해지기를 바라며

당신 앞에 앉아 있게 해 주십시오

그리하여 당신의 뜻을 바로 알아듣고

그 뜻 안에서 일하시는

당신의 계획에
순종하도록 도와 주십시오
한 사람을 위해 기도하는 동안
그가 저의 전부인 양
그 영혼을 어루만지고 품어
하나된 다음,
당신 품에 둘이 하나로
안기게 도와 주십시오   † 아멘

♣ 어찌하여 악인들이 형통하며,
배신자들이 모두 잘되기만 합니까?
(렘 12:1-6)

때로는 어리둥절하오나

사랑을 가르치시는 아버지,

당신과의 친교로 인도하시기 위해

고독을 선물하시는 당신의 뜻 앞에서

때로는 어리둥절합니다

당신의 영광 안으로 끌어들이시기 위해

고난을 겪게 하시는 당신의 계획 앞에서

당황할 때가 한두 번이 아닙니다

그러하오나 곧 당신의 의도를 알아차리고

그 고독과 고난을 달게 받으려고 안간힘을 쓰오니

당신의 사랑을 깨닫고

당신께 따지고 덤벼들지 않게 해 주옵소서

공의를 베푸시는 아버지,
당신과의 영교로 이끄시기 위해
고난을 겪게 하시는 당신의 뜻 앞에서
때로는 어리둥절합니다
당신의 영광 안으로 인도하시기 위해
고통을 당하게 하시는
당신의 계획 앞에서
당혹스러울 때가 한두 번이 아닙니다
그러하오나 곧 당신의 심중을 헤아리고

당신의 뜻에 순종하게 하시오니
당신께서 주시는 사명을 받아
당신께만, 오로지 당신께만,
영광을 돌리게 해 주옵소서

순풍일 때는 더더욱 감사하며
역풍 중에는 능력을 길러 주시는 줄 믿고
영광을 돌려 드리게 하옵소서
현세를 초탈하고 자아를 초월하는
믿음의 사람이 되고 싶습니다
악인이 여기에서 당장 멸망하고

죽는 모습을 보아야

당신의 공의가 이뤄지는 줄 착각하는

잘못된 신앙을 버리게 해 주옵소서

왜, 어찌하여,

악인의 행동을 용납하시며

의인의 고통을 내버려 두시는가

여쭙지 않게 해 주옵소서   † 아멘

♣ 너의 어버이를 즐겁게 하여라.
특히 너를 낳은 어머니를 기쁘게 하여라.
(잠 23:19-26)

옳고 옳았음을 깨달으면서도

효성 지극한 자를 사랑하시는

아버지 하나님,

당신은 당신 말씀에 순종하는 자를

가장 사랑하십니다

뿐만 아니라 부모의 말을 잘 들어야

지혜를 얻는다고 하십니다

순종하게 도와 주시옵소서

지혜로운 자식은 부모의 기쁨이 되며

미련한 자식은 부모에게

슬픔만을 드린다는 것을 잘 알면서도

저희는 미련하여 부모에게

슬픔을 안겨 드리는 죄를
날마다 저지르곤 합니다
시간이 지나고 나면
아버지의 훈계와 어머니의 가르침이
옳고 옳았음을 깨달으면서도
당장은 입맛에 쓰디써,
뱉어 버리려고 하는 어리석은 저희들이옵니다
부모의 교훈을 가볍게 여기며
부모의 훈계를 마음에 새겨 넣지 못하는
어리석음을 용서해 주시옵소서
이제 유익한 책망을 들을 귀를 주시고
부모의 충고와 교훈을 저버리지 않도록
인도해 주시옵소서

아버지 하나님,
당신은 당신의 말씀에 순종하는 자를
가장 사랑하십니다
어떤 자식이 부모에게 고의로
불효하고 싶어하겠습니까?

생각없이, 지혜없이 굴다 보면
어느덧 불효를 저지르고 맙니다
부모의 얼굴에 웃음꽃이
피도록 하지 못하고
늘 근심만 끼치고 끼쳐
부모의 눈에서 눈물이 마를 새가 없이
불효로 살아왔으니
아, 이 죄를 어찌 하오리까?
무엇이 부모를 근심시키는지
깨달아 알게 해 주시고
꾸지람은 달게 받고

칭찬에는 노예가 되지 않도록

도와 주시옵소서

지혜를 얻고 슬기를 깨쳐

바른 효심을 갖게 해 주시옵소서

지혜의 길은 즐겁고,

슬기의 길은 기쁘며,

효도의 길은 행복한 길임을

깨닫게 해 주시옵소서 †아멘

♣ 너희가 주 너희 하나님의 말씀에 순종하면, 이 모든 복이 너희에게 찾아와서 너희를 따를 것이다. (신 28:1-6)

복받아라, 얘들아

"복받아라, 얘들아!"
부드러운 음성으로 초청하시는 하나님,
복받기를 소원하여
온 존재를 활짝 열어 보이오니
영원의 창문을 통해 비쳐 나오는
그 나라의 복을 주시옵소서

당신의 현존과 임재의 복,
당신과의 깊은 통교의 복,
구원의 완성을 바라보며
지금 여기서 누리는

영생의 복,
말씀 순종 후에 쏟아지는
수천만 가지의 복을
비처럼 눈처럼 내려 주시옵소서

"복받아라, 애들아!"
사랑의 음성으로
부르고 또 부르시는 하나님,
복 누리기를 열망하여
당신께로 달려나오니
그 나라의 복을 주시옵소서
지상의 복은 물론 천상의 복,

충만의 복과 비움의 복,
공간의 복은 물론 시간의 복,
육적인 복과 영적인 복,
보이는 복은 물론 보이지 않는 복,
위로의 복과 배부름의 복,
만족의 복과 평화의 복,
마침내는 당신을 뵈옵는 지복을
오늘도 내일도 영원히
쏟아 부어 주시옵소서   ✝아멘

♣ 외부 사람들에게는 지혜롭게 대하고
기회를 선용하십시오. (골 4:5)

당신 시간 한 조각 떼어 주십시오

시간의 주인이신 주님,

하루 해가 너무 빨리 집니다

낮이 조금씩 짧아지고 있습니다

밤이 길어지면 길어질수록

하루가 더 쉽게 가버립니다

하루 스물네 시간이 너무 짧습니다

당신은 당신의 시간을 살라고 하시겠죠?

시간에 쫓기는 제가

시간을 쫓아가며 뒤뚱거리는 모습을 보시고

영락없는 오리라고 말씀하시겠죠?

시간이 덧없이 흐릅니다

4월이 지나면서부터

걷잡을 수 없이 시간은 뺑소니를 쳤습니다

'어어' 하는 사이에 여름이 오고

가을이 달려듭니다

인디언 섬머니, 잔서니

아무리 토를 달아 봐야

아침 저녁으로는 어김없는 가을바람이 불어옵니다

소슬한 바람 때문에

더워도 긴 소매 옷을 꺼내 놓아야 합니다

당신의 신묘한 섭리에

입을 다물 수가 없습니다

시간을 주관하시는 주님,

전 토요일 오후가 가장 좋습니다

한 주간이 다 끝나기 때문입니다

새로운 주간이 시작되며

당신을 만날 주일이 기다리고 있기 때문입니다

그러나 항상 아쉬움이 남습니다

잠 시간밖에 줄일 것 없어

팍팍 줄여 놓지만,

나이 먹을수록 일은 더 늘어나고

에너지는 떨어지기 때문입니다

짜투리시간이라는 것을

평생 가져본 일이 없습니다

그러나 짬짬이 여기저기 안부하다 보면

하루가 허망하게 갈 때가 있습니다

이건 실상 안부가 아니라

고백성사라고 할 수 있는데

이런 것은 기회를 선용하는 것일까요?

시간을 아껴쓰라시는 주님,

당신께로 먼저 오라고 하시는 거죠?

어떤 시간을 대폭 줄일까요?

가끔 수다도 떨어야 즐거운데

사무적인 말만 하라고요?

그래서 저는 한꺼번에

두 가지 이상 일을 할 때가 있습니다

얼굴 마사지하면서 당신께 기도하다가

꾸중들은 것은 어떡하고요?
아이들에겐 당신 앞으로 나아갈 때는
양말을 못 벗게 하는 저 아닙니까?
물론 성전기도는
저도 단정하게 차려 입고 시작합니다
그러나 제 골방에서의 기도는
잠옷바람으로도 하고 있는 것,
어떻게 생각하시죠?
길고 긴 투병생활하며
누워서 기도하던 습관이 있어서
옷 차려 입는 것과 당신 면전에서의 격식을
대수롭게 생각하지 않는 게 큰 잘못입니다
하지만 무릎꿇고 기도해야 되며

눈을 꼭 감아야만
기도라고 말씀하시지는 않으시니,
자세가 큰 문제는 안 되겠지요
다만 시간을 선용한답시고
당신 앞에 앉아 있는 시간에
피부관리하는 것만은 고쳐야 하겠죠?

시간 안에 계신 주님,
아무리 바빠도 기도부터 먼저,
아무리 졸려도 당신만 보는 일부터 먼저,
아무리 아파도 당신과의 데이트 시간 먼저
잡아놓기를 이행하겠습니다
다른 시간은 촌음 아껴 쓰면서
당신과의 약속은 소홀히 할 수 없습니다
아, 시간을 만드시고, 시간을 주시고
시간을 쓰게 하시는 분을
뒤로 따돌려서야 되겠습니까?
주신 시간을
주신 분께 돌려 드리는 게 마땅한 일입니다

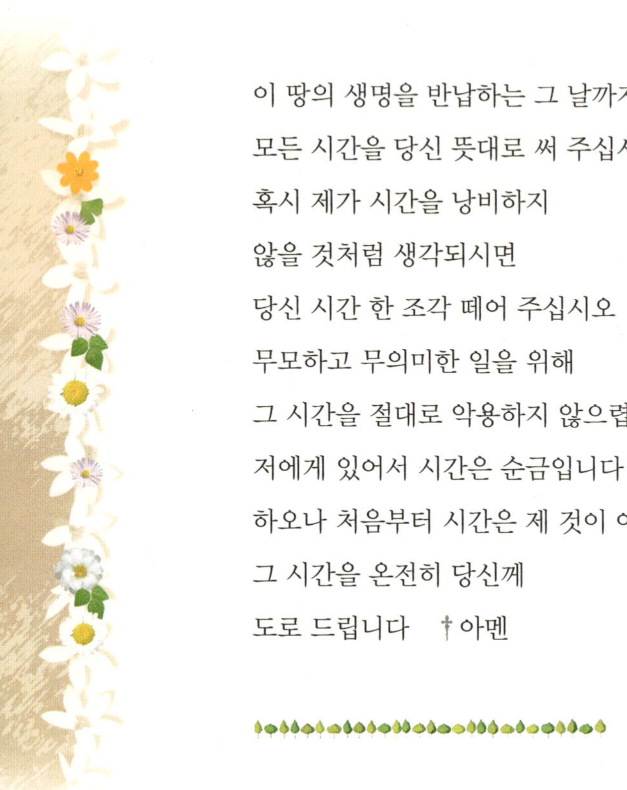

이 땅의 생명을 반납하는 그 날까지
모든 시간을 당신 뜻대로 써 주십시오
혹시 제가 시간을 낭비하지
않을 것처럼 생각되시면
당신 시간 한 조각 떼어 주십시오
무모하고 무의미한 일을 위해
그 시간을 절대로 악용하지 않으렵니다
저에게 있어서 시간은 순금입니다
하오나 처음부터 시간은 제 것이 아니었사오매
그 시간을 온전히 당신께
도로 드립니다　✝아멘

♣ 하늘과 땅의 주인이신 아버지, 이 일을
지혜있고 총명한 사람에게는 감추시고,
철부지 어린아이들에게는 드러내 주셨으니,
감사합니다. (눅 10:21)

오직 그 기쁨만이

구원의 기쁨을 아침부터 밤까지

줄곧 노래하게 하시는 주님,

당신께서 저희의 구주 되어 주신

일을 생각하며 감사를 드립니다

생명의 기쁨을

머리끝부터 발끝까지 부어 주신 주님,

당신께서 원천 되셔서

넘치게 생명을 퍼 주시오니

영광과 존귀를 드립니다

사랑의 기쁨을 영원부터 영원까지

늘려 주시는 주님,
당신께서 사랑 그 자체가 되셔서
저희를 사랑할 수 있는 사람으로
만들어 주심을 감사드립니다
평화의 기쁨을
날이면 날마다 누리게 해 주시는 주님,
당신의 평화를 떨어지지 않게 공급해 주시오니
찬양과 영광을 드립니다
하오나 주님,
이제 어렴풋이나마
한 가지 깨달았습니다
세상이 주는 기쁨, 세상 안에서의 기쁨,
세상과 더불어 갖는 기쁨이
더 이상 저를 사로잡지 못한다는
사실입니다
이전보다 나아진 것이 있다면
겉도는 세상의 기쁨에
만족하지 않는다는 것입니다
당신께서 당신 안에서 삼위 하나님과 함께

머무는 자들에게 주시는
그 기쁨이 아니고는
결코 완전한 행복을
느낄 수 없음을 깨닫습니다

이 땅의 기쁨보다는
그 나라의 기쁨을 간직하라고
계속해서 말씀하시는 주님,
당신은 날마다 성령을 받아
기쁨 넘치는 삶을 사셨습니다
아버지의 뜻이 이뤄질 때마다
기쁨의 탄성을 지르셨습니다
사탄의 세력이 약화되고
하나님나라가 설 때마다
기쁜 소식을 외치셨습니다
세상의 세력을 이길 하늘의 권세를 주시며
승리의 전조를 예고하셨습니다
그렇습니다, 주님,
저희는 당신과 함께 곧 승리할 것입니다

철부지인 저희에게도
그 나라의 기쁨을 누릴 수 있는
은총을 부어 주시옵소서

이 기쁨보다 그 기쁨을 지니고 살라고
권면하시는 주님,
그 기쁨은 당신 안의 구원이요,
이 기쁨은 세상 안의 성공이라,
그 기쁨은 원천적 기쁨이요,
이 기쁨은 인위적 기쁨이라,
그 기쁨은 참 기쁨이요,
이 기쁨은 겉 기쁨이라,

그 기쁨은 '하나님영광' 의 기쁨이요,
이 기쁨은 '자기영광' 의 기쁨이라,
오직 그 기쁨만이 영원한 기쁨임을
일깨워 주시오니 감사합니다

안 보이는 영광을 보고 기뻐하는 믿음,
완성될 영광을 보고
기뻐하는 믿음을 주시옵소서
그렇습니다, 주님,
저희는 당신과 함께 곧 승리할 것입니다
미련한 저희에게도
그 나라의 기쁨을 누릴 수 있는
은총을 부어 주시옵소서   † 아멘

♣ 주께서 집을 세우지 아니하시면
집을 세우는 사람의 수고가 헛되며,
(시 127:1-2)

당신께서 아니하시면

아버지 하나님,
우리는 당신을 떠나서는
아무것도 할 수 없나이다
사랑하는 아버지,
당신이 아무것도 아니하시면
우리는 검불만도 못한
비존재가 되나이다
당신께서 우리를 기억하지 아니하시면
우리의 미래는 파멸이나이다
당신께서 우리 곁에 계시지 아니하시면
우리의 인생은 허무일 뿐이나이다

당신께서 사랑의 빛을 비추지 아니하시면
우리의 길은 암흑이나이다
당신께서 다가와 얼굴을 맞대지 아니하시면
우리의 시간은 무가 되나이다
당신께서 귀 기울이지 아니하시면
우리의 삶은 절망이나이다
당신께서 능력을 펼쳐 돕지 아니하시면
우리의 구원은 불가능이나이다
당신께서 인도하지 아니하시면
우리의 목표는 혼돈이나이다

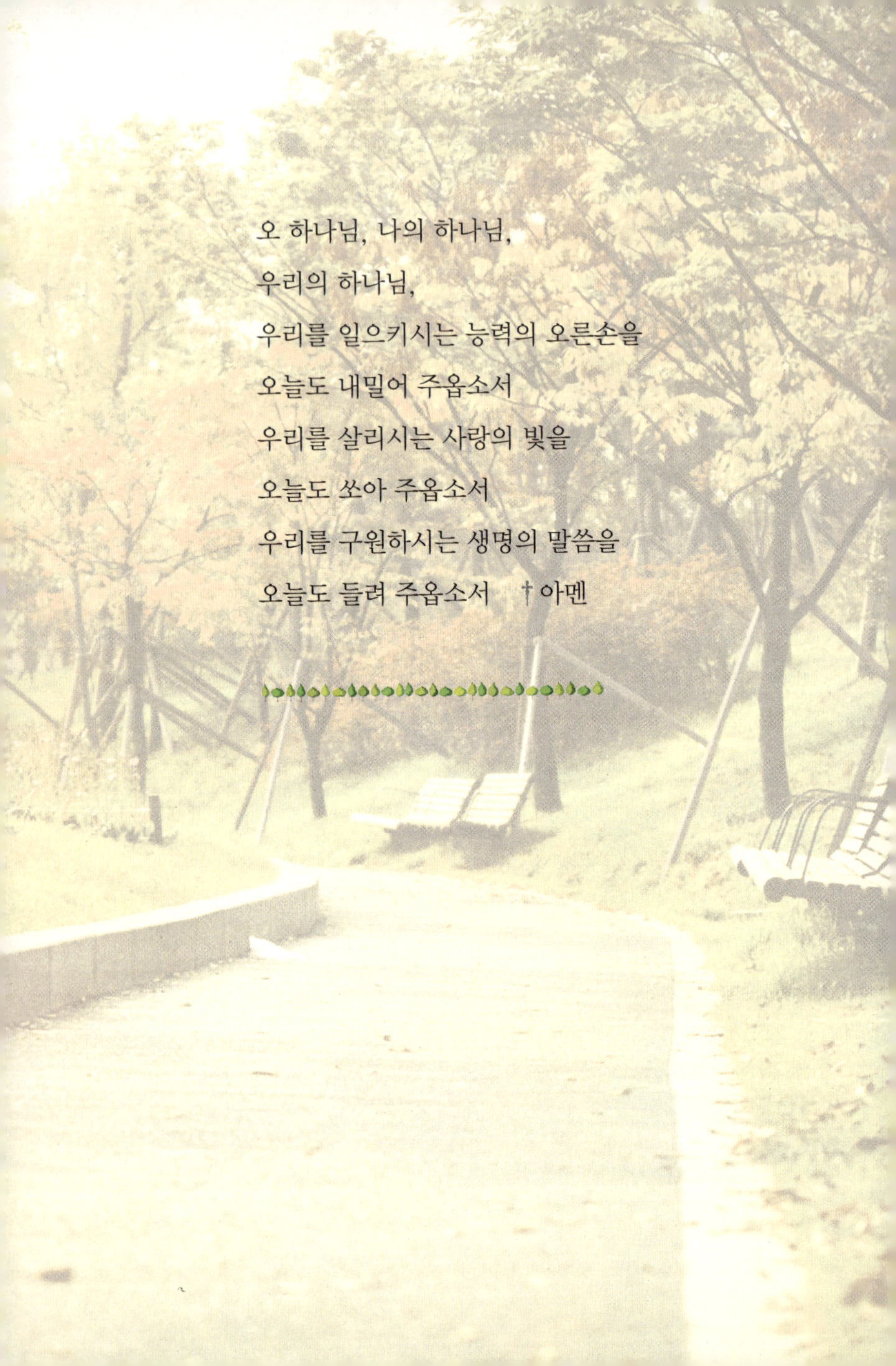

오 하나님, 나의 하나님,

우리의 하나님,

우리를 일으키시는 능력의 오른손을

오늘도 내밀어 주옵소서

우리를 살리시는 사랑의 빛을

오늘도 쏘아 주옵소서

우리를 구원하시는 생명의 말씀을

오늘도 들려 주옵소서　†아멘

♣ 오로지 공의를 실천하며 인자를
　　사랑하며 겸손히 네 하나님과 함께
　행하는 것이 아니냐! (미 6:6-8)

더 좋은 길

번제물이나 송아지나
숫양 몇 천 마리를 거절하시며
오직 정의와 사랑과 겸손을
원하시는 하나님 아버지,
당신께 나아오는
바른 태도를 가지게 해 주소서
우리의 전생애를 통해
당신의 의로우신 뜻을 이루실 수 있도록
제물을 드리는 것보다
더 좋은 길을 택하게 해 주소서
저희는 당신께 예물을 많이 드려야

복을 받는 줄로만 생각합니다
물질적 제사에 중점을 두는 것이
습관이 되어 버렸습니다
그것도 중요하긴 하지만
저희가 삶을 통해서
이웃과의 관계를 바르게 하고
당신의 사랑에 응답하며
당신과 동행하는 일이
얼마나 중요한 일인가를
깨닫고 싶습니다
이웃간의 사랑을 나누며
친절을 다하는 것을 원하시는

당신 마음을 읽게 해 주소서
당신의 이름을 어려워하는 자에게
앞길을 여신다 하셨사오니
"더 필요한 것이 없다."라는 말씀이
저희에게 들려올 때까지
마음을 낮추고 몸을 낮추어,
겸손하게 당신과 함께
살아가게 해 주소서

정의와 사랑과 겸손을
바라시는 하나님 아버지,
당신의 의로우신 뜻을 이루실 수 있도록
더 좋은 길을 선택하게 해 주소서
아무리 비싸고 좋은 예물을
당신께 드린다 해도
거기에 담긴
저희의 마음의 동기가 불순하다면,
기뻐 받으시지 않으실 줄 압니다
제물만 드리면 죄를 벗는 줄 아는

그릇된 생각에서 벗어나게 해 주소서

오히려 송구스럽고 찢어진 마음을

거룩한 산 제물로 드리게 해 주소서

당신께서 저희에게 요구하시는 것은

삶을 통한 전인격적인 경건과

헌신임을 깨닫게 해 주소서

형제에 대한 사랑과 희생,

그리고 당신과의 바른 관계가 결여된 자의 헌신은

무의미한 것임을

확실히 알게 해 주소서

오 하나님,

"더 필요한 것이 없다."라는 말씀이

저희에게 들려올 때까지

더 좋은 길을 선택하게 해 주소서   † 아멘

♣ 감사의 뜻으로 드리는 화목제사의 제물에는, 누룩을 넣어 만든 빵도 곁들여서 바쳐야 한다. (레 7:11-17)

제단 위의 불이 타오르도록

안식일을 거룩하게 지키라고
명령하신 하나님,
제단을 쌓기 위해서
준비하는 마음을
성결케 해 주옵소서
완전하고 거룩한 참 제사는
오직 당신께만 드리는 것임을
확실히 깨닫게 하옵소서
당신 제단 위의 불이
영원히 타오르도록
저희의 기도의 향기도 내내 타올라

당신 홀로 흠향하시고
영광과 존귀를 받으시옵소서

화목제사의 제물을 바치되
감사의 희생제물도
아울러 바치라시는 하나님,
마음에서 우러나오는
감사의 제물을 바칠 수 있도록
은총과 복을 내려 주옵소서
의무로써가 아니라 사랑으로
속죄제물과 희생제물을

드리게 하옵소서

형식으로가 아니라

공경하는 마음으로

저희 존재 자체를

화목제사의 제물로

봉헌하게 해 주시옵소서   ✝아멘

♣ 내가 세상에서 이것을 아뢰는 것은,
  내 기쁨이 그들 속에 차고 넘치게
하려는 것입니다. (요 17:13)

출렁출렁, 일렁일렁

주님,

당신께서 부활하신 일을

곰곰이 생각하노라면

제 가슴 깊은 곳으로부터

기쁨이 출렁출렁거리며,

제 영혼 한가운데로부터

기쁨이 일렁일렁거려,

기쁨이 물결 되고 파도 되어

제 존재를 덮어 버리고 맙니다

그냥 이대로 있고 싶습니다

당신은 제자들의 인생 전체가

완전하고 충만한 기쁨이 되기를
간절히 바라셨죠?

주님,
세상이 앗아가지 못하는 이 기쁨은
어느 날 밤 제가 문득 올려다본,
밤하늘에 두둥실 떠 있던
보름달과의 조우에서 받은 감격을
훨씬 능가하는 것입니다
제 오른뺨을 살짝 건드리는 것 같아
창 밖 하늘을 올려다본 순간,
숨이 멎는 줄 알았습니다
능청스럽게 여인의 방을 엿보고 있는 그 달은

제 생애에 만났던
그 어떤 달보다 아름다웠습니다
"달아, 보름달아, 우리 주님을 찬미하여라."
신명나게 노래부르며
한참 동안 춤을 췄지요

밤새 꼼짝도 하지 않고
저만 바라보고 있어서
기도하는 일에 큰 방해를 받았습니다
잠자리로 물러갈 수 없어서
보고 또 보며,
당신께서 하시는 일을
끊임없이 찬양했지요

주님,
그 기쁨은 이루 형언할 수 없었습니다
그러나 어찌 당신이 애원하셔서
하나님께서 저희에게 주시는
그 기쁨을 따라가겠습니까?
차고 넘침은
삼위 하나님의 흘러넘침이 아니시던가요?
당신께서 저희에게 특별히 주시는 선물,
부활과 영생의 기쁨이지요
그리스도이신 당신 안에서
영원한 삶을 쥐고 있고
성부의 삶이 또한 저희 안에 침투하여
저희를 사로잡고 계신 기쁨,
그 기쁨은 저희가 가 닿을 수 있는
최상의 목표임을 믿습니다

주님,
당신은 아버지의 감춰진 신비를
열어서 알려 주시고

당신의 그 기쁨을
저희에게 나눠 주십니다
아버지는 기쁨과 생명과 사랑이시니
그 기쁨은 분명 아버지의 선물입니다
영생의 동의어, 기쁨,
이것은 사랑의 동의어이기도 하니까요

주님,
당신의 고유한 기쁨을
저희에게 나누어 주십시오
죽음 직전에 하신 말씀이시기에
더욱 의미가 깊습니다
부활하신 후 저희 마음이
오직 기쁨으로 가득 채워지도록
간구하시다니, 감사합니다
하오나 이 말씀의 씨앗이
제 안에 자동적으로 심겨지는 것이
아니라는 뜻을 새깁니다
이 말씀에 맞들여

온 영혼에 스며들도록 하는 것은
전적으로 저의 책임입니다
당신에게서 영생을 체험하도록 주시는
신적 차원의 기쁨임을 믿습니다

기쁨이신 주님, 부활이신 주님,
당신의 부활 하나만으로도
제 기쁨이 출렁거리고 일렁거리오니
제가 어떤 처지에서든지
부활의 기쁨을 잃지 않도록
도와 주소서
기쁨의 물결이 영원토록 출렁이도록
도와 주소서   † 아멘

♣ 너희는, 만날 수 있을 때에 주님을 찾아라. 너희는, 가까이 계실 때에 주님을 불러라. (사 55:6-7, 갈 6:17)

사랑의 화살은 아직도

하나님,

당신께로 가는 길은 험난합니다

찾으면 만나 주시겠다고 하여

길 떠난 저는,

몇 번이고 집으로 다시 오려고 했습니다

그러나 당신을 사랑했기에

차마 발걸음을 돌이킬 수 없었습니다

전 당신이 누구신지 확실히 모르면서도

당신을 만나야 구원이 있다는 것은

알고 있었습니다

그래서 찾아나섰던 것입니다

당신을 만나야 할 때를 알아차렸습니다
그래서 당신 현존을 더듬으며
당신 앞에 앉아
당신을 불렀습니다

하나님,
하지만 기도에도 길이 있었군요
예전엔 미처 몰랐습니다
기도의 여정은
인생의 여정과 너무 흡사합니다
때로는 이슬 맺힌 풀밭
그 위로 걸어가다 당신을 만납니다

인적없는 숲, 길도 없는 숲에서
당신은 저를 부르십니다
시냇물 가운데 나 있는
징검다리길로도 오십니다
가파른 언덕길,
우거진 송림 사잇길,
논두렁밭두렁길, 강둑길,
바닷가 백사장,
자동차들이 질주하는
백주의 도시 한복판 차도,
구불구불한 산모롱이길,
천야만야 절벽 그 계곡에서도
당신을 만납니다

하나님,
당신은 지름길,
평탄한 길,
유유자적 차를 타고 달리는 길,
뱃놀이하는 바닷길,

비행기가 높이 떠 있을 때 나타나는
구름길,
고요한 성전 제단 앞,
나무 십자가 앞,
흥겨워 산책하며 걷는 길,
거기에서만 만나 주시지 않습니다
당신이 자주 가시는 그 길로 오라시니,
방향을 바꾸는 데
의식을 전환하는 데
오랜 시간이 걸렸습니다
당신께서는 제가
온전히 당신께 맡기는가를 시험하셨습니다

하나님,
연인을 만나러 간다면
불원천리 가시밭길인들 못 가겠습니까?
기암절벽 기어올라서라도
찾아 나서지 않겠습니까?
무릎이 깨지며

계단에서 굴러 떨어지며

팔꿈치가 벗겨지며

당신이 계신 산으로 기어올랐습니다

그러나 당신은 그 때,

이미 사람들 사는 도시로 떠나신 뒤였습니다

그 때 저는 하마터면

심산유곡에 몸을 던져

목숨을 끊을 뻔했습니다

모든 상징을 초월하고

순수한 실재이신 당신을 응시하려는

초월적 열망을

바로 그 때, 당신이 주셨습니다

당신을 찬송하며 영광을 드립니다

하나님,
당신과의 숨바꼭질을
10년이 넘도록 하는 동안
힘든 등반을 포기하려는 생각이
말끔히 사라졌습니다
당신 품에 안기는 것,
당신 사랑의 화살을 맞는 것,
이 목적이 있었기 때문입니다
기나긴 투병생활 속에서
길러 주신 불요불굴의 의지가
끊임없이 타올랐습니다
발이 부르트고 뒷꿈치가 벗겨지고
발목을 삐어 더 못 걷게 되는 날엔,
엉금엉금 기어서 당신께 갔습니다
더 이상 못 오르겠다고 생각되어 고푸라질 때,
당신은 어디선가 홀연히 나타나
저를 업고 성큼성큼 걸으셨습니다

당신께 감사를 드립니다

하나님,

그 날은 제 영혼의 창공에

비가 내렸습니다

집중폭우였습니다

당신을 당신되게 못해 드리고

한낱 우상으로 전락시킨 일,

제가 저 되지 못하고

생명을 끊어 당신을 업수이 여긴 일,

이 일들을 떠올리고

온종일 통곡했습니다

기진맥진한 몸으로 쓰러져 있을 때,

당신은 저를 높은 곳에서 손짓하셨습니다

있는 힘을 다하여 산을 오르다가

어느 샘물 곁에서 넘어졌습니다

바로 그 찰나,

사랑의 화살 한 개 날아와

제 가슴을 명중했습니다

당신이 쏘신 화살이 분명합니다
당신이 사랑의 활을 드신 것을
제 영혼의 눈으로 똑똑히 보았습니다

아 하나님,
저는 그 때 당신 사랑의 화살을 맞아
완전히 죽었습니다
당신의 사랑의 입맞춤으로
제 뺨이 상처를 입었습니다
당신의 사랑의 체온으로
제 몸이 활활 타오르고 있었습니다
당신의 뜨거운 포옹으로
제 존재가 녹고 있었습니다
저는 아주 잠시 동안
볼 수 있는 모든 세상 것을
넘어가 있었습니다
들을 수 있는 모든 세상 것을
뛰어넘어 있었습니다
당신의 사랑의 화살이

제 가슴에 깊게 꽂힌 후

제 불꽃이 당신께로 가는 것을 보았습니다

그 후 저는,

당신의 소유가 무엇인지 알게 되었습니다

아직도 뽑히지 않은 사랑의 화살,

그것은 당신을 만난 확실한 증거입니다   † 아멘

♣ 너희는, 사람이 자기 자녀를 훈련시키듯이, 주 너희의 하나님도 너희를 훈련시키신다는 것을 마음 속에 새겨 두어라. (신 8:1-10)

언제나 그 동기가 사랑이요

아버지 하나님,

당신께서는 완전한 인격을 지니도록

시련을 통해서도 교육을 시키시며

고통의 의미를 체험하게 하십니다

질병과 실패 가운데도

당신의 섭리가 있으심을 깨우쳐 주십니다

사건을 겪고 나면

당신께서 인도하신 길이

모두 사랑이요 은혜였음을 깨닫습니다

역경은 당신께로 더 가까이 나아가는

지름길이며

역경 후의 축복은
그 목적이 당신을 더욱 충성스럽게 섬기고
감사하기 위함임을 가르쳐 주시오니,
이제부터는 고난이 오는 그 순간
즉시 엎드려,
겸손하게 당신의 훈육방식에
순복하도록 도와 주옵소서

몸소 인도하신 길을
더듬어 보기를 원하시는 하나님,
그 모든 것을 기억하며
감사와 영광을 드립니다
당신의 크나큰 은혜와 당신의 충만한 사랑을
더듬어 회상하며 감복하나이다
이스라엘이 광야에서 겪은 고난은
당신의 놀라운 사랑이었음을
통찰하며 감탄하나이다
당신이 주시는 것은
언제나 그 동기가 사랑이요,

그 결과도 사랑이오며,
과정상 고난이 계속될 때에도
그 후도 오직 사랑임을 느끼며
무조건 감사하게 해 주옵소서

고난을 교육의 한 방편으로 생각하시며
끝없는 사랑의 수련을 하게 하시는 하나님,
위험한 길로 갈 때 저지하시며
교만의 산으로 오를 때 낮추시며
부요한 삶을 택할 때
가난하게 하시는 당신의 사랑을,
뉘 있어 알아듣겠나이까?

사랑의 길잡이이신 당신을 찬송하며

존귀와 영광을 드리나이다

몸을 위하여 빵을 주시고

영혼을 위하여 말씀을 내리시며

내일을 위하여 영광을 약속하시는

당신의 뜻을 깊이 헤아리며

감히 해석하며 경탄하나이다

당신이 주시는 것은

항상 그 동기가 사랑이요,

그 결과도 사랑이오며

과정상 고난이 계속될 때에도

그 뒤도 오직 사랑임을 느끼며

즉시 감사하게 해 주옵소서   †아멘

♣ 기름지고 맛깔진 음식을 배불리 먹은 듯이
내 영혼이 만족하니, 내가 기쁨에 가득찬
입술로 주님을 찬양하렵니다. (시 63:1-5)

넘치도록 좋은 것으로

9월을 9월 되게 해 주신

아버지 하나님,

여름에서 가을로 순식간에 건너가게 해 주신

당신의 섭리를 통해서

창조의 솜씨를 경탄하며

영광과 찬양을 드립니다

아름다운 가을 들녘을 보게 해 주시고

초가을의 햇볕을 쬐게 해 주심을

감사드립니다

9월 숲에 내리는 빛살의 군무,

살랑거리는 바람이 만드는

나뭇잎들의 음악이 장관입니다

아름다움의 원천이신
아버지 하나님,
당신을 주야로 찬양하게 해 주시옵소서
삶의 자리가 다소 불편하더라도,
삶의 조건이 몹시 악화되더라도,
당신을 오직 찬양하게 해 주시옵소서
존재의 심연으로부터,
영혼의 심부로부터 솟구치는 찬양을
하게 해 주시옵소서

행복에 겨워 기쁨에 겨워,
당신만을 찬양하게 해 주시옵소서

하나님,
당신은 나의 하나님,
당신의 능력과 영광은
그 크신 사랑 안에 나타나십니다
당신 안에서 제 영혼이 만족합니다
마음과 정성을 다하여
당신을 찬양합니다
당신을 목말라 찾는 영혼들에게
달디단 생명수를 내려 주시옵소서
한평생 당신을 송축하오리니
넘치도록 좋은 것,
끝나지 않을 풍요로운 것을
안겨 주시옵소서

어느 것 하나도 부족한 것 없이
골고루 채워 주시는 하나님,

당신은 최상의 가치이시며

최상의 목표이십니다

그러므로 당신과 함께 있기만 하면

언제나 저희 삶 속에

사랑과 은혜가 넘칩니다

쓰러졌을 때 일으키시고

넘어질 때 붙들어 주셨던

당신의 오른팔을 기억하며

당신의 능력을 찬양합니다

제 영혼이 마냥 흥겨워 찬송합니다

죽기까지 감사의 찬양을 드리오며

당신 품에서 눈을 감고 싶습니다　✝아멘

♣ 내가 주님을 바라보며 소리 높여 부르짖을 때에, 주께서는 그 거룩한 산에서 응답하여 주십니다. (시 3:1-8)

한탄하며 울부짖다가

주야로 우리를 돌보시는 아버지,

당신의 보살피시는 손이

저희의 머리 위에 얹혀 있는데도

왜 이토록 고통이 떠나질 않습니까,

어찌하여 시험이 끊기지 않습니까,

왜 이렇듯 역경의 물결이 넘실거립니까,

한탄하며 울부짖다가

깨달았습니다

저희 믿음을 순수하게 만드시려고 주시는

시련임을 알아차렸습니다

아무리 원수 마귀가 에워싸고

조롱하는 자들이 올무를 놓아도
하나님, 당신은 나의 방패,
나의 영광이십니다

부르짖기만 하면
응답하시는 아버지 하나님,
당신의 능력 있는 오른손이
저희의 온몸을 붙들어 주시오니
두려울 것 없습니다
고난이 닥쳐 봐야
순간적으로 스쳐 지나갑니다
시험이 닥쳐 와도
이길 힘을 넉넉히 주십니다

위험이 몰려온다 해도
당신은 이내 없애 주십니다
당신께 의지하고
오로지 당신께만 매달려 도우심을 청하면
당신은 승리를 한아름 안겨 주십니다
하나님,
당신은 나의 방패,
나의 영광이십니다 † 아멘

♣ 이와 같이 집사들도, 신중하며,
한 입으로 두 말을 하지 아니하며,
술에 탐닉하지 아니하며, 부정한 이득을
탐내지 아니하며, (딤전 3:8-9)

아, 바로 이 순간이로구나

존귀하신 주님,

이 미천한 종이

당신을 주님이라 부르며,

이 천하의 큰 죄인이

당신을 그리스도라 부르며

감히 그리스도인으로서 살고 있음은

오직 당신의 십자가의 은총으로

말미암은 것입니다

당신의 거룩하신 이름을 기리며

영광을 드립니다

주님,

그러나 그리스도인의 자격을 갖추지 못하여

몹시 괴롭습니다

교회에 왔다갔다 하는 교인일 뿐,

그리스도인이 되기엔 아직 멀었습니다

그리스도께서 사신 것처럼

살지 못하기 때문입니다

바울은 교회 집사의 자격을 갖고도

신중과 신실, 무사욕,

양심에 거리낌 없는 믿음을

거론하고 있지 않습니까?

먼저 시험해 보고 나서

직분을 주라고 권면합니다

세례받고 헌금 잘 하고

교회봉사에 앞장서면

겉경건 가지고 직분을 주기 일쑤인

교회들에 경종을 울리고 있습니다

앎이 아니라 삶을

기준으로 삼아야 하지 않을까요?

주님,
그리스도를 믿는 것은 누구나 할 수 있어도
그리스도인이 되는 것은
아무나 되는 것이 아닌 것 같습니다
그런데 하물며
영성관리야 어떻겠습니까?
영성수련을 하는 사람으로서
엄격한 자기관리를 하도록
인도해 주신 당신께 감사드립니다
영혼관리만 중요한 게 아니라
일반관리가 다 중요하다는 것을
깨닫게 해 주셔서 감사합니다
부분관리에서 전체관리로
통합되어야 함을
일깨워 주셔서 감사합니다

주님,
규칙적으로, 지속적으로
헌신적으로 영혼을 관리하도록

도와 주십시오

하루쯤 건너뛰면 어떨까 싶어

기도와 성경읽기를

소홀히 하지 않고

느슨하게 하는 둥 마는 둥 하지 않고

열성을 쏟아 관리하여

당신 기준에 합격하도록

인도해 주십시오

저는 몸관리를 할 시간 없어

기도 전에 긴장된 근육을 풀고

준비운동 후에 침묵합니다
어떤 의미가 담긴 동작을
기도로 삼아도 좋다고 말씀하셨기에
그대로 따르고 있습니다

주님,
피부관리에도 최선을 다하고 있습니다
옷도 단정하게 갈아입고
무엇보다 감정관리를 철저히 하며
얼굴 표정이 밝도록 노력합니다
이젠 주름 투성이어서
입술에도 목에도 주름이 많아
그 주름 자체가
지혜를 표징하는 것으로
만들어 가려고 애씁니다
여자이기를 포기하지 않는 것입니다

주님,
물건관리, 돈관리, 집관리,

어디 신경 안 쓸 곳이 있어야죠
그러나 제일 중요한 것은
사람관리인 것 같습니다
다정하고
친한 사람들 사이에서는
더 세심한 관리가 필요하지요
희생과 수고가 따르는 사랑으로
관계를 유지하며 길들이는 것,
함께 성장하며 걸어가는 것,
여기에 초점을 맞춥니다
언어관리도
못지않게 어렵습니다
말을 하되 시의적절한 말,
어휘의 지혜로운 선택을 하며
관계의 깊이와 수준,
그리고 상황과 장소와 때에 맞춰
언어구사를 하는 지혜를 주십시오

주님,

영성관리가 가장 중요하다시는
당신 말씀에 동의합니다
'하나님의 사람'이 되기 위하여
평생 수련하며 관리하는 것,
마땅한 일입니다
영적 규칙을 실천하게 해 주십시오
당신과의 약속,
자신과의 약속을 지키게 해 주십시오
갖가지 은총을 관리하기 위해서

영혼의 그릇을 넓혀 주시고
'그리스도 현존체험' 까지 가는
체험확대의 은사를
충만하게 내려 주십시오

주님,
당신을 아는 지식과
당신을 사랑하게 되는 충만함 속에서
영성화되게 해 주십시오
처음엔 부분적으로
한 올 한 올 휘장을 짜듯이
삼위 하나님의 모습대로
존재를 변형시켜 주십시오
"아, 바로 이 순간이로구나!"라고
아담이 자신의 반쪽을 보고 탄성을 질렀듯이
삼위 하나님께서 재창조하신,
새 사람이 되어 가는 저희를 보시고
'절정체험' 의 환성을 지르실 수 있도록
끊임없이 거짓 자아를 죽이게 해 주십시오

"아, 바로 이 순간이로구나!"
성부와 성자이신 당신의 입에서
줄줄이 감탄이 이어질 때까지
참 자아, 새 자아의 탄생을 위해서
혼신의 노력을 기울이겠습니다   † 아멘

♣ 내가 아버지 안에 있고,
　아버지께서 내 안에 계심을 믿어라.
믿지 못하겠거든, 내가 하는 그 일들을
　　보아서라도 믿어라. (요 14:7-11)

안에 서로서로

주님,

보는 것이 곧 아는 것임을

가르쳐 주신 주님,

사랑으로 응시하면

당신이 누구신지 알 수 있다고

말씀하시는 거죠?

당신께서 아버지 안에 계시므로

아버지를 아시는 것처럼

저희도 당신 안에 머물면

당신이 누구신가 알 수 있다고

일러주시는 거죠?

그런데 '안에 머문다' 든가
'보는 것이 곧 아는 것' 이라는 영적 실마리는
너무 어려운 말씀입니다
그래서 당신의 제자들이
당신과 함께 살면서
당신을 뵙고도 아버지를 또 뵙게 해 주십사고
어리석은 요청을 했던 것 같습니다
저희는 더 아둔하고 영적으로 무뎌서
당신의 말씀 속에서
당신을 보지도 못하고 있습니다
영적인 심오한 뜻이 가려져 있어서

삼위 하나님께서 서로서로 안에 계시다는 의미를
이해하지 못합니다

사랑하는 주님,
당신께서 아버지 안에 계셔서
아버지와 한마음 되신 것처럼,
저희도 당신 안에 머묾으로써
당신과 하나되고
마침내는 삼위 하나님 안에서
온전한 기쁨을 누릴 수 있도록
크나큰 은총을 내려 주시기를
간절히 희망합니다

성자 하나님,
당신이 성부 안에 계심을 믿습니다
성부 하나님,
당신께서 성자 안에 계심을 믿습니다
성부 · 성자 하나님,
당신께서 성령 안에 계심을 믿습니다

성삼위 하나님,
한 몸을 이루시며 사랑 안에
서로서로 머무심을 믿습니다

길이신 성자 예수여,
성부께 가는 길은 오직 당신뿐,
진리이신 성자 그리스도여,
성부를 아는 길은 오직 당신뿐,
생명이신 성자 예수 그리스도여,
성부를 뵈옵는 길은 오직 당신뿐,

당신을 뵈면 곧 아버지를 뵈옵는 것임을

의심치 않고 믿습니다

보이지 않는 성부 하나님의 형상이신

성자 예수 그리스도여,

당신을 먼저 뵈옵게 해 주옵소서

당신을 통하여 성부께로 건너가는

지혜를 주옵소서

삼위 하나님의 신비를 꿰뚫어

저희의 믿음이 자라게 해 주옵소서   †아멘

9월
September
26일

♣ 다윗은, 주께서 자기를 이스라엘의
왕으로 굳건히 세워 주신 것과,
그분의 백성 이스라엘을 번영하게 하시려고
그의 나라를 크게 높이신 것을 깨달아
알았다. (대상 14:2, 21:16-17)

겸손도 천층만층

온유와 겸손을

당신에게서 배우라고 말씀하시는 주님,

최고의 덕목이

무엇인지 가르쳐 주시면서

그 고귀한 덕을 쌓아

당신께로 나아오기를 바라시니

당신의 덕을 배우고 싶습니다

겸손도 천층만층이옵고

사실상 겸손이 무언지 모르는

사람들 천지여서

겸손에 대한 대화조차

자유롭게 할 상대를 만나기 어렵습니다
아직도 저희는 자존심을 건드리면
용수철처럼 튀어오르는
교만쟁이입니다
겉으로는 '제가 뭘 압니까?' 라고
공손히 말해 놓고는,
속으로는 자신의 지식을
은근히 자랑하고 있는 속물들입니다
누가 비난하면
'그럴 만하니까 그렇겠지.' 라며

자신을 살펴보는 겸손이

저희에겐 없습니다

누가 칭찬하면

그것이 사실이 아닌데도

입이 쭈~욱 찢어지는

자기영광추구자들입니다

누가 뭐라 해도

사람들의 평가에

무감할 수 있는 속겸손을 주시옵소서

주어진 모든 것이

너무 과분하다고 여기며

만사에 감사하는 참 겸손을 주시옵소서

겸손의 덕을 몸소 사신 주님,
당신께서 보여 주신 그 겸손은
그리스도인과 교회공동체에게
가장 필요한 덕임을 믿습니다
나라는 죄인은 어느 누구도 용납하지 못할
가치없고도 불쌍한 자임을 깊이 깨달으며
이미 받은 은총을 잘 관리하는 겸손을
지니도록 도와 주시옵소서

가장 값진 희생,
'너'를 위하여 목숨을 버린 겸손을
사랑 안에 나타내신 주님,
당신께서는 하나님이심에도 불구하고
비천한 인간의 몸을 입으셨고
죄인 중의 가장 비참한 죄인인
저희 하나하나를 위하여
생명을 바치셨습니다
일찍이 들어본 일도,
본 일도 없는

자기비움의 본을 보여 주셨습니다

저희의 죄짐을 홀로 다 지시며

희생제물이 되신 당신의 삶은

최상의 가난을 입증해 주셨습니다

교만덩어리인 저희이지만

겸손 자체이신 당신을 닮으려고

몸부림치게 해 주시옵소서   ✝ 아멘

♣ 모세가 그것을 보려고 오는 것을 보시고,
하나님이 떨기 가운데서 "모세야, 모세야"
하고 그를 부르셨다. 모세가 대답하였다.
"예, 제가 여기에 있습니다."(출 3:1-8)

어서 말씀해 주십시오

거룩하시고 엄위하신 아버지,
저희는 어리석기 짝이 없습니다
세상 속에 섞여 살면서
저희의 구원과는 전혀 관계없는
헛된 말들과 규정 그리고 지시들은
재고하지도 않고 잘 따라가면서
막상 기쁜 소식을 들려 주시면
그 앞에 머뭇거리며
덥석 수용하지 못합니다
당신이 모세를 부르셨을 때,
무슨 말씀을 하실지 알지 못하면서도

“예, 말씀하십시오.”라고
용기있게 말씀드렸듯이,
저희도 부르심을 받는 순간
지체없이 말씀을 받아들이겠다는
의지와 열망을 표현하게 해 주시옵소서
그 말씀이 무슨 요구를 해 오더라도
기꺼이 선뜻 받을 수 있는 믿음과
순종하는 마음을 허락해 주시옵소서

사랑하는 아버지,
저를 부르셨습니까?
제게 하실 말씀이 있으십니까?
어서 말씀해 주십시오
말씀이 떨어지기 전에
우선 귀 기울여 들을
준비를 하게 해 주십시오
그 말씀을 제가 실천하기 어려울지라도
그 말씀이 듣고 싶지 않은 것일지라도
그 결과가 분명치 않더라도

감히 상상할 수 없는 일이라 하더라도,
그것이 당신의 영광을 위한 것이라면
'예' 라고 응답하며
당신께 곧 달려가도록
도와 주시옵소서

거룩하신 아버지,
제게 하실 말씀이 있으십니까?
어서 말씀해 주십시오
"예, 제가 여기 있습니다."
그 말씀이 전혀 이해가 안 되더라도,
그 말씀이 앞으로도 실현될 가능성이 없더라도,

장래에 무슨 일이 일어날지
전혀 예측할 수 없더라도,
난관과 시련의 과정을
거쳐야 하는 것이 분명하더라도,
그것이 당신께서 하시는 명령이시며
당신 나라를 위한 것이라면,
"예"라고 응답하며
곧 달려가겠습니다
당신이 말씀하시자마자
곧 "예"라고 하겠습니다   ✝아멘

♣ 그리스도께서는 육신으로 고난을 받으셨습니다. 여러분도 같은 마음으로 무장하십시오. (벧전 4:1)

고통을 통하여 쉬라

사랑하는 주님,

당신은 제게 '고통을 통하여 쉬라.'고

종종 말씀하십니다

고통에 정복당하지 말고

그 의미를 수단으로 삼아

쉼으로 들어가라고 하십니다

고통은 의미체험의 시간이라고

암시해 주십니다

고통 자체가 유익이라고 생각하며

노래하며 가고 있습니다

사랑하는 주님,

고통이 와서 질질 끌려 가는 게 아니라

목표에 도달하기 위한

조건으로서의 고통을 인식하며

자기점검을 하고 있습니다

고통은 존재의 종합진단을 할 수 있는

필수적인 조건임을 믿습니다

그래서 저는

고통을 통하여 자주 쉬고 있습니다

사랑하는 주님,

달리기만 하는 차는 과열되어

언젠가는 멈춰섭니다
그래서 당신은
고통을 통해 쉬게 하십니다
고통은 '임시정거장'으로서 의미가 있습니다
고장난 방향표지 신호를
다시 보게 하십니다
고통이야말로
연료보급과 일단멈춤을 위한
'임시정거장' 입니다
이 때 영혼의 호흡도 갈아 끼우며
새로운 시작을 준비하게 됩니다
고통을 통하여 쉬게 해 주심을 감사합니다

사랑하는 주님,
고통이야말로
더불어 살아가는 현장에서 도움 받을 수 있는
'공존공생의 학습체험장' 입니다
함께 사는 의미는 무엇이며
이웃과의 연대감은 왜 필요한지

알게 해 줍니다
지금까지 주기만 했던 사람이
고통을 통해서 받는 연습을 하게 하십니다
그러므로 고통은
회복과 치유의 원천이 됩니다
보살핌받고 사랑받는 시간 안으로
즐거운 여행을 하게 됩니다
사랑받고 위로받는 시간이 바로 쉼이며
온전한 자아로 다시 사는 시간이
고통을 통한 쉼인 것을
가르쳐 주시니 감사합니다

사랑하는 주님,
당신은 저희가 기뻐할 때는 속삭이시며
양심적으로 살 때에는 그냥 이야기하시며
고통을 겪을 때는
큰 소리로 외치신다면서요?
예, 고통은 '듣지 않는 세상을 깨우는
당신의 확성기' 입니다

자꾸 잠으로 빠져들어가는 때
고통을 주셔서
깨어 있게 하심으로써
완벽하게 쉬게 하십니다

사랑하는 주님,
고통을 겪고 있노라면
사물을 보는 방식이 교정되지요
바쁜 일정 가운데서는
제대로 볼 수가 없기 때문입니다
작은 일에도 감사할 수 있게 되는 것은
고통이라는 쉼을 통해서입니다

그렇습니다 주님,
고통은 '감사를 가르치는 방학' 입니다
불평을 잠재우고
감사를 일으키는 방학입니다
진정한 쉼으로 들어가
깨닫지 못한 것들을 깨닫고

다시 시작할 수 있도록
자주 고통을 주셔서 쉬게 해 주신 것을
새삼스럽게 감사합니다
특별히 고통의 맷집을
통통하게 만들어 주시고
이어지는 고통을 통하여
참 쉼으로 들어가는
은총을 주신 것을 감사합니다
살판나고 살맛납니다
할렐루야! † 아멘

♣ 예수의 제자들 가운데서 여럿이
이 말씀을 듣고 말하기를 "이 말씀이 이렇게
어려우니 누가 알아들을 수 있겠는가?"
하였다. (요 6:60-71)

끝까지 따르게 하옵소서

생명의 빵이신 주님,

당신께서 당신 자신을

하늘에서 내려온

살아있는 생명의 빵이라고 말씀하시며

그 빵을 먹는 자만이

영원히 살리라고 하셨을 때,

말씀의 뜻을 알아듣지 못하고

많은 추종자들이 당신을 버리고 떠나갔지요

당신을 따라다니다가

물러가는 자들은 어떤 자들이며

끝까지 따르려면 어떻게 해야 하는지를

알아보고 싶습니다

생명의 빵이신 주님,
당신 곁을 물러간 자들은
말씀을 이해하지 못하는 자들이었습니다
현세적 영광과 명예
그리고 안일과 인기로 집중되어 있는 사람들은
말씀을 육적으로밖에 해석할 수 없지요
저희도 말씀을 제대로 이해하지 못할 때는
당신을 건성으로 믿고 있는 것입니다
불신앙자가 되지 않게 해 주십시오

말씀이신 주님,
당신 곁을 떠난 자들은
말씀을 거부하는 자들이었습니다
자신의 약점을 찌르거나
인정받지 못하게 될 때
말씀을 트집잡는 자들입니다
불신앙자들입니다

당신의 천국귀향을 믿지 않는 자들입니다
당신께서 오신 곳이 하늘나라임을
반신반의하고 있습니다
저희도 말씀을 의심할 때
당신을 따르지 못하고 있는 자들이 됩니다
두렵습니다

말씀이신 주님,
배반자로 예지된 자들이 당신을 떠났습니다
누구의 인도를 받았건 당신 앞으로 나아온 자들은
일단 구원의 대열에 들어섭니다
그러나 중도에 확신을 갖지 못하고

인간의 합리성이라는 기준에 맞춰
의아심을 갖게 될 때에는
불신앙자로 낙인이 찍힙니다
물론 제자 중에
악마가 된 자도 있었습니다
스승을 판 것은 악마에게 사로잡힌 결과였지만
그 자신이 곧 악마가 된 것입니다
당신이 과연 절대능력을 지니신
하나님의 아들이실까 생각하는 순간,
악마가 된다는 사실을
잊지 않게 해 주십시오

말씀이신 주님,
당신을 끝까지 따르려면
당신의 말씀을
영적으로 통찰하고 이해해야 한다고
넌지시 말씀하시는군요
인간의 이성과 얕은 지혜로는
도저히 해석할 수 없습니다

끊임없이 천상의 지혜와

지성의 빛을 비춰 주십시오

당신을 따르기 위해서는

당신의 말씀을 전적으로 수용해야 함을 믿습니다

제 자신에게 위로가 되거나

적용이 될 경우만 받아들이고,

말씀이 찔릴 때에

말씀대로 살아갈 자신이 없어

쓴 말씀을 뱉어 내는 선택적 수용을 함으로써,

당신의 말씀은 오히려 걸림돌이 됩니다

당신을 끝까지 따를 수 없어

물러설 수밖에 없습니다

순종하는 것만이

당신을 추종하는 요건이 됨을
깨닫게 해 주십시오

사랑하는 주님,
당신을 끝까지 따르기 위해서는
당신과 성부와의 사랑하는 관계를
확신해야 합니다
당신의 정체성을 파악해야 합니다
당신은 영원한 생명이시고
말씀이심을 알고 믿어야 합니다
그러기 위해서는
말씀이신 당신과의

인격적 만남의 체험이 필요합니다

수백 수천 권의 신학서적을 읽고

엄청난 지식을 습득했다 해도

아무 힘이 없습니다

사변적 차원에 머무르지 않게 해 주시고

구체성과 명료성을 띠어

끝까지 당신을 따를 수 있도록

은총을 베풀어 주십시오   † 아멘

♣ 미련한 처녀들이 기름을 사러 간 사이에 신랑이 왔다. 준비하고 있던 처녀들은 신랑과 함께 혼인잔치에 들어가고, 문은 닫혔다. (마 25:1-13)

주께서 나를 아실까?

신랑이신 주님,

구원의 표상으로서의 혼인잔치,

어린양의 표상으로서의 신랑,

슬기로운 다섯 처녀와

미련한 다섯 처녀,

열리지 않는 문,

그 앞에서 '깨어 있으라' 는 권면에

귀를 기울이게 하시는

당신의 말씀을 꿰뚫어 보고 있습니다

"나는 너희를 알지 못한다." 라고

냉정하게 신랑이 말하는 곳에서

오랫동안 머물러 보았습니다

신랑이신 주님,
구원은 자신의 믿음으로만 얻는 것임을
새삼 깨닫고 있습니다
처녀들은 저마다
자기 등불을 챙기고 있었습니다
각자의 믿음으로 구원이 결정된다는 사실을
수없이 들으면서도
혹시 내 가족 중
믿음 좋은 어머니 때문에,
믿음 좋은 아버지 때문에,

하나님나라에 들어갈 수 있으려니
생각하는 저희에게
경종을 울려 주고 있습니다
오직 나 자신의 믿음으로만
하나님과 올바른 관계를 가지며
그것이 구원임을 확신하게 해 주소서

나의 신랑, 나의 주님,
구원은 지혜에서 시작됨을 보았습니다
미련과 슬기로 인해
구원과 비구원이 갈라지는 것을 보았습니다
미련은 게으름과 상통하며
지금 당장 해야 할 일을 내일로 미루는
악습입니다
오늘을 충만하게 살기 위하여
슬기를 택하게 해 주소서

주님, 나의 신랑이시여,
하늘나라는 내외적 신앙기준을

요구하고 있군요

등잔을 외적 생활이나 형식이라고 한다면

기름은 기도, 선행, 내적 성결 등

내면신앙이라고나 할까요?

기름이 있고 없음으로써

지혜가 있고 없음으로 구분되며

마침내는 운명도 달라짐을 보았습니다

신앙의 기준을 분명하게 세우도록

도와 주소서

신랑이신 주님,

신랑은 당신의 때에 오십니다

신랑이신 당신은

깨어 있는 신부만이 맞을 수 있습니다

언제 오실지 모르는

신랑이신 당신을 기다리며

졸다가 잠들지 않도록

깨어 있게 해 주시고

신랑은 반드시 온다는 것을

명심하게 해 주소서

신랑이신 주님,
구원은 그리스도와의 영적 결혼임을
확실히 깨닫게 해 주소서
신비체를 이루는 머리는 그리스도 한 분이며
저희는 영적으로
그리스도와 결합해야 하는 신부들임을
믿게 해 주소서
신랑 되신 예수를 영접하기 위하여
평생토록 기다리고 있는
신부의 처지가 된다는 것은
행복 중의 행복이 아닐 수 없습니다
이 행복을 빼앗지 말아 주소서

신랑이신 주님,
구원은 결단이며
심판은 야박할 정도로 준엄하군요
당신은 듣는 자가 결단하지 않고는

견뎌 내지 못할
무서운 윤리적인 엄숙성을 제시하십니다
신랑께서 나타나신 다음에
그제야 준비하기 시작하면
이미 때는 늦지요
뒤늦은 긴박성은
구원의 문 앞에서는
해지된 법조문 같은 것임을
깨닫게 해 주소서

신랑이신 주님,
구원은 신랑과의 관계맺기임을
다시 한번 확인했습니다
둘도 없는 친구,
흉금을 털어 놓는 친구로서 뿐만 아니라
목숨을 바쳐 사랑하는
신랑·신부의 관계로까지 상승하기 위하여
우리가 준비해야 할 등잔과 기름이 무엇인지
다시 한번 살펴보게 해 주소서

관계를 맺고 안 맺고는
하늘과 땅 사이의 차이임을
보고 놀라게 해 주소서
봄에서 앎으로,
앎에서 사랑으로,
사랑에서 관계로
건너가게 해 주소서
언제 오실지 모르는
신랑을 기다리는 신부로서,
'깊은 종말의식'을 가지고
잔치에 이미 참여한 듯,
그 때 그 결혼잔치에
선참하도록 도와 주소서   † 아멘

출

3:1-8 p. 143

레

7:11-17 p. 95

신

8:1-10 p. 113
28:1-6 p. 74

삼상

12:23 p. 58

대상

14:2, 21:16-17 p. 138

시

3:1-8 p. 121
63:1-5 p. 117

127:1-2 p. 88
146:5 p. 35

잠

16:16-20 p. 45
23:19-26 p. 70

아

2:14 p. 48

사

55:6-7 p. 104

렘

1:4-10 p. 31
12:1-6 p. 66

미

6:6-8 p. 91

마

25:1-13 p. 160

눅

10:21 p. 83

요

6:60-71 p. 153
14:7-11 p. 133
17:13 p. 98

롬

8:1-9 p. 54

고전

1:26-31 p. 20

고후

2:12-17 p. 41

갈

6:17 p. 104

빌

2:14-15 p. 10

골

4:5 p. 77

딤전

3:8-9 p. 124

히

12:1-3 p. 26

벧전

4:1 p. 147